Lunes con Meg

Victoria Braidich

Traducción al español: José María Obregón

LECTURAS DEL BARRIO

Rosen Classroom Books & Materials™

New York

Hoy es lunes.

Lunes

3

Meg va a la escuela.

Meg va a la clase de música.

Meg va a jugar al fútbol.

Meg va a su casa.

Meg se va a la cama.